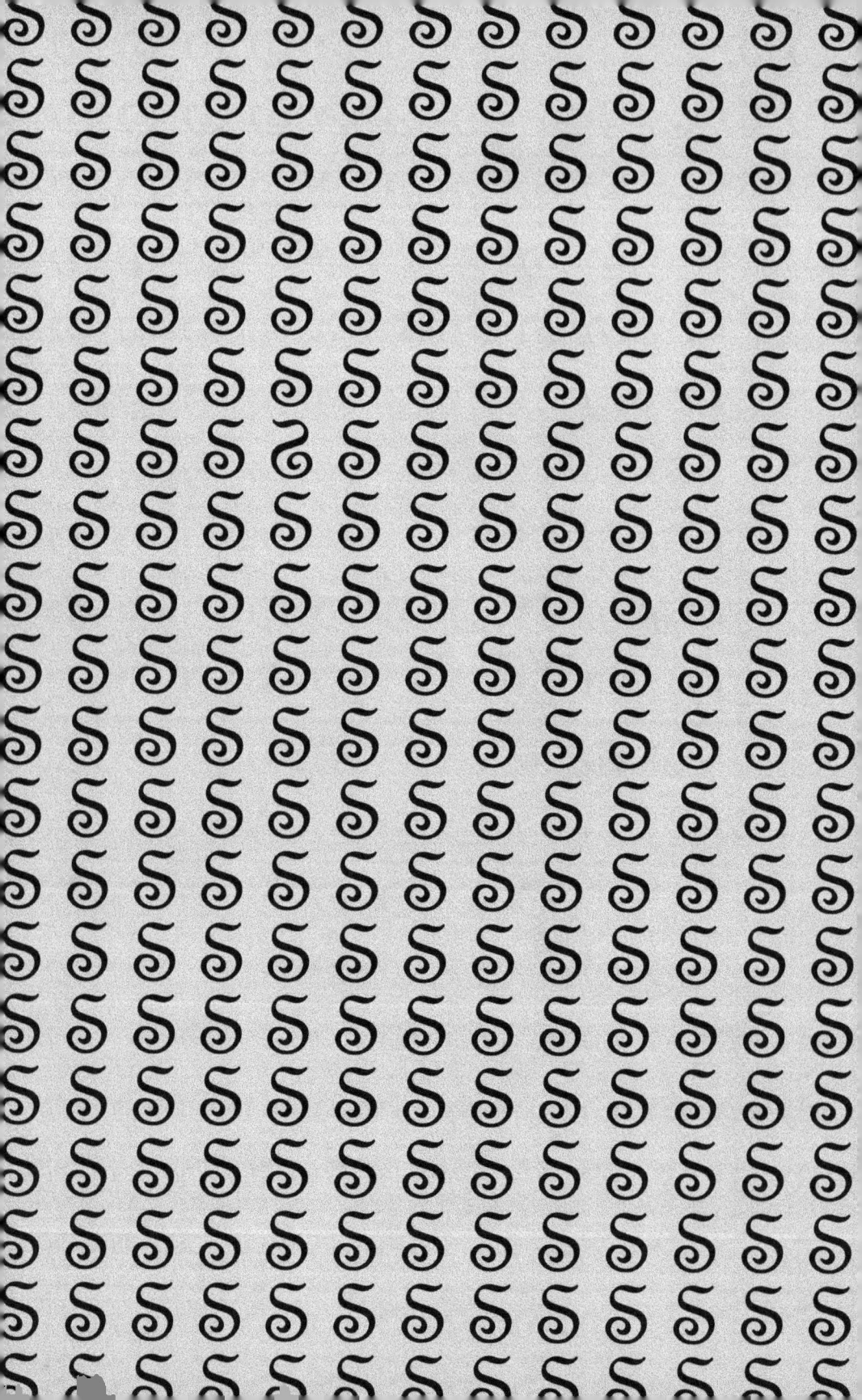

BOCABAJO

BOCABAJO

ANDRÉ MEYER

POETISOS AL SUR DEL MUNDO

Editorial Segismundo

© Editorial Segismundo SpA, 2015-2025

Bocabajo
André Meyer
Colección Poetisos al Sur del Mundo, 6

Primera edición: Agosto 2015

Versión: 1.3

Copyright © 2015-2025 André Meyer

Contacto: Juan Carlos Barroux <jbarroux@segismundo.cl>

Edición de estilo: Juan Carlos Barroux Rojas

Diseño gráfico: Juan Carlos Barroux Rojas

Diseñador de la portada: Juan Carlos Barroux Rojas

Fotografía de la portada: Isabel Riffo

Fotografía de la contraportada: Isabel Riffo

Fotografía del interior: André Meyer

Registro Propiedad Intelectual N° 255.801

ISBN-13: 978-956-9544-20-0

Otras ediciones de

Bocabajo:

Impreso en Chile
ISBN-13: 978-956-6136-80-4

Impreso bajo demanda – Tapa Dura
ISBN-13: 978-956-6136-81-1

Impreso bajo demanda – Tapa Blanda
ISBN-13: 978-956-9544-20-0

eBooks y Lectores Digitales
ISBN-13: 978-956-9544-43-9

Al camastro más oscuro, cuna del vientre y la semilla

El delito de la carne

Escribir sobre género erótico en estos tiempos donde el mercado del deseo y el cuerpo expandido, abierto, sobreexhibido y redundante, resulta siempre un riesgo, un hallazgo, un dislocamiento del lenguaje, aquí en este el primer libro de André Meyer, encontramos, esa propuesta como camino para articular el proyecto de obra, para ejecutar la voz de un hablante poético, que convierta su poesía en exhibicionismo y voyeurismo, como si nos dejara la puerta entreabierta para mirar esas oscuridades, esos desbordes, esos pliegues del cuerpo de una mujer, que como el autor sentencia, es una mujer que llegó siendo niña, y es desde esas caricias, esos recortes, esas fisuras, esa piel angelical, ese pubis angelical, que el autor, descubre una estética para nombrar, y re nombrar el cuerpo femenino.

El delito de la carne, es entonces, el enunciar un cuerpo demasiado joven para el rictus oficial del deseo, para el ojo masculino, que trasciende a la edad y el *corpus*, aquí entonces está el desafío... ¿Cómo encontrar placer en lo que fuera esa Lolita de Vladimir Nabokov? ¿Cómo volverse cómplice a la escritura? Y, como sucede en ese hermoso libro del autor ruso, intentar volvernos a todos, cómplices de ese deseo infecto, enamorados, deseantes y enloquecidos de esa chica hermosa, que corre a los brazos de su amante mayor. En este caso, el delito de la carne es también el delito de la letra, se escribe, se poetiza, se verbaliza ese cuerpo, ese error, ese enloquecimiento por esta chica menor, que envuelve la atmósfera y la poética de este libro.

La ciudad también es testigo de ese romance, de esa fuga a la sexualidad extrema, de esos encuentros fortuitos que hacen del libro una cartografía del cuerpo, una inquietante plegaria sexual a ella, la protagonista, la musa a quien se le desea, se le entrega y se busca. Esa búsqueda puede ser la ciudad de noche, el lento titilar de las luces, a un país como testigo omnipresente de este romance. "Y bajo tu país de ojos cerrados no hay noche/ Y bajo tu país de ojos cerrados no hay noche mujer".

La escritura como un "camastro más oscuro", como "cuna del vientre y la semilla", son algunas de las figuras que utiliza el autor, para construir su hablante, un hablante que cruza la idea de escritura y cuerpo femenino al que se le escribe, una sujeto poético, que opera como musa y que es apelada mesiánica y excesiva porque su belleza, su deseo, su sola presencia, se antepone a todo: a la ciudad, a las citas políticas, al registro de diario intimo, a la historia de amor, y hasta al ejercicio mismo de la escritura. Porque ahí está ella, siempre presente, aunque se le escribe desde la ausencia, está siempre presente, avasalladora, dueña por completo de la enunciación, del lenguaje, bocabajo, de la textualidad, y la metáfora.

Por eso los textos que reúnen este poemario, (aunque en una segunda parte extiende otros territorios de lo nombrado) siempre vuelven a ella, todo poderosa su imagen hace de Bocabajo, la boca que escribe de mujer, su mujer, esa mujer que es contemplada por los ojos del autor, como canto, sueño, pasiones, propuesta, como gemidos, como música como "único testigo de la intensidad que viven dos cuerpos electrizados por placer".

Los pliegues del cuerpo, son la erótica de estas páginas, el cuerpo del texto, el cuerpo poético, y el sujeto amoroso, que se enciende desde su ausencia, el abandono, la posibilidad y la imposibilidad de ver su cuerpo, de pensarlo y escribirlo, con otros, entregada por completo a las fauces de las sábanas como si la cama y su fetiche fueran también las páginas de este libro. Aquí esta su imagen como señorita de buena presencia, como zoológico sexual y como la aniquilación de la lengua, la saliva, cuando es también vista como un espejo infiel que representa la muerte. "Y me termina el día sobre la piel, entre la cama y los ojos de quien se grita".

Bocabajo, es el libro de poesía, y es la escritura como metáfora.

La poesía de André Meyer, la conocí como parte del trabajo de un taller literario, fue ahí donde pude observar como esta boca, la boca de la escritura iba haciendo de la insistencia este camino hacia lo erótico, encendiendo desde la sutileza y el velo del lenguaje, una serie de imágenes que hacen de las páginas del libro, el sábana a sábana, el camino hacia la cama, hacia el encuentro de esos dos cuerpos amordazados de placer. Bocabajo, entonces, también puede ser esa mordaza, de injuriar y adquirir una señal de enunciación para la mujer, lo femenino, el desajuste de construir un cuerpo sólo como deseo, porque es el derecho y el capricho fortuito de la escritura del amante, que sólo es amante. Aunque existe locura, muerte y un lenguaje recargado de imágenes e imaginarios que vuelven adúltera la mirada, y transforman el deseo en culpa, pero es esa culpa, un camino necesario para leer este poemario, desde la cita sexual religiosa, que es la única y la mejor forma de hablar de pecado y deseo, de cuerpos erotizados, y cuerpos lacerados en la iconografía de la cruz, quizás por eso el hablante escribe como si fuera un eterno rezo /confesión, como si la escritura fuera cristalizando y cristianizando el camino de espinas, que cuelgan la adulterada imagen femenina que se propone en este libro. /"y cómo la penumbra afectó mi sangre a ras vida del espejo infiel, que no es otro que esta muerte".

Las imágenes son avasalladoras y grandilocuentes, cruzan el umbral de la poesía como tradición, y arman un *collage* de pulsiones erráticas y eróticas, por eso se dice, que se quiere dormir en su boca, que hay pliegues juveniles, que las piernas abren su secreto en las fauces de una cama. Por eso se habla de nuestros vicios, de la letra mecida por roce, saliva y fuego. Se menciona lo prohibido, la virtualidad de estos tiempos que son otra construcción para volver a esa erótica "Él dueño de ti bajo pixeles e *inbox*", o el "Infrahumano basurero nostálgico, no hay un me gusta para la realidad".

Y, por último, se nos habla de mudez, la mudez de la boca abajo que escribe, la mudez como las delicias, cito: "Tú me expusiste al darle a mi boca la seguridad que habita en lo oscuro". Pero también hay dolor desde la ausencia, dolor de quien se nombra y deja como una estela ("Cosita, secreto, te puedo nombrar pero no ver"). Está ausente, pero está su marca, el peso de su cuerpo sobre la cama ya vacía, y es entonces que la poesía es palabra y es la boca, la boca abierta, la boca cerrada de la renuncia y el abandono, y la boca abajo como metáfora del mismo cuerpo femenino a que se apela. Bocabajo, opera como el cuerpo encendido de la mujer a quien se escriba, una boca abajo que reaparece luminosa entre las piernas de ella, unas piernas abiertas, que ofrecen esa otra boca, una boca que es el fruto de la imagen poética y de la fascinación.

"El deseo escribe en mi boca", es la sentencia de este joven autor, quien en su primer libro elige el erotismo como propuesta estética, y asumiendo ese frotamiento escritural, o esa lectura masturbatoria, retomando incluso el camino de lo biográfico "No soy André cuando vivo desde abajo y del no nombre refugio tu hambre oculta por inocencia; la edad nos separa porque un vientre te cobijó 15 años después del mío". Porque es la piel la que inscribe, son las páginas, la piel y sus pliegues, es el libro entonces como objeto poético, una alianza con estos cuerpos, cuerpos sexualizados, deseantes, que se acoplan uno sobre otro, a pesar de la culpa y la carga moral, de la sentencia y el juicio del hablante, que lo persigue al amarla, enunciarla, escribirla. Por eso es el hombre que escribe el que convierte en mujer a la niña, el cuerpo "herido" de la niña, es entonces la cicatriz, lo único que queda, la cicatriz en la boca del autor, la cicatriz, en la boca abajo de la niña mujer, la cicatriz es la escritura de bocabajo, el libro como la cópula, la boca, la escritura, el género erótico, son la fragmentación de esta poética: •¿Entonces qué guardo bajo mi cama?•- "Si las heridas no sangran"- responde el hablante, si no hay sangre en la cama, en la culpa, en el deseo, entonces sólo queda leer este desafío a lo moral, de lo erótico, de escribir sobre las mujeres y sus bordes, sus recovecos, su figura.

Si bien aparecen otras citas, otros poemas, otras voces y personajes, es el deseo y la carne, lo que adquiere mayor relevancia, siempre está esa voz, ese cruce de la erótica que nombre y que va haciendo del lenguaje un conducto del deseo, sea cual sea la propuesta, lo que se dice, lo que se cuenta, porque es la forma, y no el contenido lo que nos hace entrar siempre a ese tono sentencioso, y que lo abarca todo, la voz masculina del hablante que va marcando, lacerando y confirmando, su historia de amor, su historia del deseo. Como un réquiem o como una trampa. Trampa de una boca nunca cerrada, que quiere estar abierta expuesta y deseada en función de la letra, la carne y el delito.

Diego Ramírez Gajardo
Santiago de Chile, mayo de 2015

Bocabajo

El canto, como el sueño, ha de estar cruzado de larvas.

Pablo de Rokha

Todos los días matamos nuestras mejores pasiones

Henry Miller

André Meyer

QUEMA

15

Al delito que habitó mi carne cuando de cenizas fue el recuerdo diezmado por los días y noches que se cobran el vacío de saberte entre otras sábanas. Delito que preñó las horas cercenadas por la memoria al palpar la negritud del cielorraso. Delito que colmó las calles y las vociferaciones de bocas dislocadas por la piel que besé bajo tu sombra. Delito que le mordí la espalda y el cuello buscando un camino hacia su entrepierna; crimen que hice mío con la pureza del instinto y la crueldad de mi vida porque estoy lleno de ti, plagado de historia, cubierto por la sangre del nombre oculto en estas páginas.

I

En este zoológico sexual, aquí donde la cría es
permanencia y mercado
aquí donde necesitan señoritas de buena presencia,
turnos; fuera y dentro del día
mano de obra y fichas de ruleta que giran en el marco
tatuado en el iris.

Y yo sin ser señorita
Miré

Y

vi   el cuerpo forjado por la textura del adoquín
donde mis sábanas yacen preñadas y mi deseo nace
por la fisura que esconde su rostro cuando la luz
duele en el paladar.

Y

vi   la aniquilación de mi lengua
por otra saliva, de boca al catre en un viaje circular
del cielorraso a la techumbre de sábana a sábana.

Y

vi   desde el barro los hilos de las marionetas
y cómo la penumbra afectó mi sangre a ras vida
del espejo infiel, que no es otro que esta muerte.

Y *Candlebox* resuena con *breathe me in*, mientras dos manos entrelazan sus dedos y sujetan fuertemente la embestida ahí donde estallan los gemidos y el *riff* que preña la pared. Único testigo de la intensidad que viven dos cuerpos electrizados por placer. Respirar es seducir el susurro que muerde tu cuello espalda sin soltar tus manos al bajar con mi lengua dentro y beber de ti, para colmar de ganas nuestra música, para sentir tus labios lubricados por la melodía, para que juntos lleguemos al coro y terminar sea dormir en tu boca.

Y me termina el día sobre la piel, entre la cama y los ojos de quien se grita hundiendo los bordes de la carne, acostumbrado a lo prohibido de pliegues juveniles, al recordar el paso del sillón a mi cama, del *marrueco* al sostén, bajo el filo de los labios que acunan esas caderas, volviendo divertimento el tedio de los miles de cigarros que se apilan como pirámide inflamada de memoria, fragor atizado por la mano que abre la puerta de la evocación y despide con un beso en la cara a la mujer que llegó siendo niña.

Y bajo tu país de ojos cerrados no hay noche mujer. De la culpa y la purga poco queda mientras la mejilla del sol devora la sombra; soy el cenicero abarrotado de fuego, cadáver y humo entre los susurros que bambolean por las cortinas de una pieza que enfrenta su mediodía. Dilucidar con mis manos tus curvas es entregar los ojos, quedarse a ciegas por la silueta del recuerdo, se piensa, se vive y las piernas abren su secreto en las fauces de mi cama. Mueca descarnada. Papel sin respiro. Cadáveres sin sábanas incendian nuestros vicios.

Y sacudimos la mandíbula desencajada por el beso del infante y la muralla. En ti no hay renuncia, sólo espejo, ola que rompe contra el borde metálico del catre y se despeña en la orilla al recibir tu lengua estremecida por el sol no nato. Y dispuestos por nueva piel cercamos las palabras al encender los dientes que decoran tus labios. Me miras, lames tu palma y por el origen pasas esa mano húmeda de sal al apretar tus caderas en mi contra y hundir el cielo *abajo, abajo, ahí donde también hay dioses*. Y juntos vaciamos la hendidura sin boca en algún rincón del tiempo y la memoria pero en la incertidumbre del acto tu figura se erige como una sombra.

Apuñalar la almohada, cubrir con sábanas la imagen y aún no basta para decir; te quise.

Y dirigir la mirada desde la cama al cielorraso mientras devela la luz noche el gemido de la ausencia, es pensar en ella y en su boca que cercana a la mía llenaba de palabras bajo el sopor de labios junto a cada letra mecida por roce, saliva y fuego. Danza de muerte frente al patíbulo de los minutos al morder todos sus secretos; noche luz que abandona mi cuerpo sobre lo prohibido porque estar en cama es volver a besarte y saber que tus días no son míos.

0001- 0

Él no duerme ni bosteza pero se acostó contigo y recibió tus palabras, provocaciones.
Él amante anacrónico tras cielo digital, ni pulso ni sangre ligado a ti por voyerismo.
Él no respira y yo sin bostezar sobre tu espalda, sin morder los pliegues de tu deseo.
Él dueño de ti bajo pixeles e *inbox*.

Infrahumano basurero nostálgico, no hay un me gusta para la realidad. Y mensaje tras mensaje socavamos las sábanas porque ahora nos mienten. Dilapidados por caracteres y estados que huyen cuando las letras emergen en hacinamiento.
Yo detrás de la pantalla.
Tú oculta en la marejada.
01
001
0001
01, 001, 0001
0.
Ni el ritmo de nuestro frote, revive el fuego de tu mordida.

II

La mudez de las delicias

A la partitura escondida
en tu fuego.

Ciénaga de sol invertido reviste una a otra la habitación ceniza que por fotocopia llega al ojo como una hilera de camas donde los gemidos se copulan dentro fuera de la carne y aún en la muchedumbre recuerdo tu cuerpo al vivenciarte en páginas que de tan irrevocables me desangran. El pasado nos deja huellas y laceraciones, piernas fatales que incineran el borde llamado presente. Madriguera que acumula esperanza bajo la renuncia evocada por los roces frotes de una imagen en claro oscuro. Y es mi deleite unir sábanas con la cruda madera, tríptico que lleva en si el peso de la vida, la plaga del jardín. Y aún en la mudez de las delicias tu voz es un sacramento que dice: — ¡te *viniste* rico! Origen que tatué en mi sombra y limitó el salpicar de tu sol sobre esta cordillera que nombró patria. Pavana solar que insiste en destrozar el reloj con su boca magullada por erosión de lengua. Ciénaga de cemento bajo el pecado, la carne es la debilidad y la gracia, el fuego que nos desviste de inocencia, el yo puerta que mendiga un ojo para contener el horror de saber que eres una letra enmudecida por el vacío. Tú me expusiste al darle a mi boca la seguridad que habita en lo oscuro y por tenue que fuera nuestro beso, lo vivo dentro del vientre y de tanta delicia la sed desgarra mi garganta, nuestra historia es una madre que no conoce a sus hijos. Y duele de pie o rodillas revivir la escena, porque mi cama es tu jardín.

Y en medio de la boca
el animal habla de tu espalda
humedecida por el fruto de mi sangre
y la sien pulsa una ferocidad
que vive al sellar la comisura del silencio

Y se apagó el cuerpo, la luz de nuestra palabra; incendio que ve sin entender como dos personas con tanta diferencia muerden labios sin el pudor del ojo. No habrá razón para someter a juicio porque este es mi delito y en él consagro mi latir hondo, negro de bocanadas lascivas, de solitarias evocaciones nocturnas, negra la vida ante la luminosidad del alumbrado que cecea sus acordes mientras la mirada expatriada de culpa me rinde por la tierra de tu cuello ardoroso. Sombra sin cordón umbilical que asesta golpes en la ausencia y tras crimen febril nace por el corte junto al nombre que vivo tatuado.

Trastabillando a puerta de la fuga, ladrillo a ladrillo la casa quiebra las rodillas y verse ante el espejo duele. El ojo ha dejado la boca y sin luz me vive cuando la calle concibe la carne y orada el poso de un sueño donde la palabra sella tu féretro.

Librarse del beso de nuestra historia es arrancarse la cara para ser velado por los ojos de la única patria que terminó dentro, capricho mal parido por el deseo y su noche al tatuar hambre en mi frente.

Las luces ya no recuerdan mi sombra. Bocabajo el gemido se pierde y la almohada es un hogar cuando duermo entre labios amanecidos por el sudor de tu otra piel. Y lo único que nos pertenece es la quietud de la respiración al mencionar tu nombre y violar entre líneas nuestro tiempo sobre el catre que te nació mujer.

Cosita, secreto, te puedo nombrar pero no ver, aunque en mi boca se dibuje tu cuerpo, tu roce, tus ojos cuando caen en frenesí. Tan irrevocable te has vuelto que borrar la unión es intentar olvidar lo desconocido y no hay calle, paradero que no hable de esas tardes donde desollamos la penumbra. Cosita, dormir en tu boca y acabar dentro es marca sin apellido, huella sin tierra que invirtió las siglas de mi nombre para dar pie a quien sería nuestro primer hijo, cuna y patria del vientre que languidece sobre tu boquita cuando dices tus días ya no serán míos, tus días ya no son míos, sólo somos dos extraños con un pasado en común.

Se quiebra la mano, me sangra el instinto y el resto de la lengua presa de la fisura en boca vaciada escupe violación, gritos colman la noche maltraída por la carne gris del cemento. He de prender mi ropa para terminar, desnudo, sereno y sin dientes reclamando sonidos al ras en costra. En piel la cara deshabita mi carroña y el paso del agua resquebraja el estruendo de mis ojos. Me acabo vacante / sin puerta.

Sintonizado por el humo que fragua temblores en el país a dos nombres, imputado por la entrepierna, descenderé en la cama cuando la voz tirita y los espejos cuelen lo diáfano por la mano acariciada. Subterráneamente las verdades emergen con el hambre que nutre la sed, idilio fálico que sube bajando por el estupor coronado de semen y eyaculación.

Mudez siembras la sábana al sacudir la mano de la vida y la muerte sacia el riego con lo que nace del hombre. No hay otra boca cuando el ruedo es solitario y la cumbre estalla por el artilugio de mi mano que conoce por instinto la fiebre.

A veces dormir es fácil, sí te sabes tocar. Y nuestro fin
es el miembro hecho agua.
Aquí donde uno seduce recuerdos y la memoria es
álbum fotográfico titulado:
"Para noches frías".

Y me perdí en tus fauces
que de tan caninas revelan
entrepiernas frotadas por cunetas
                / y gritos majaderos
sí brota la unión
de nuestros cadáveres
al ladrarnos y beber la cañería
tras la ronquera perra
de este carnaval cruento.

III

Ahora que tu carta ha violado mis ojos.

Las horas queman cuando recordar el cara a cara es un día en medio del griterío y el sol un vaso de agua si tus labios húmedos besan el desierto. Y tibia descansas, susurrada al interior del roce frote, donde anudas mi garganta.

Olvidar es la palabra que tatuaré en el espejo.
El deseo escribe en mi boca.

No soy André cuando vivo desde abajo y del no nombre refugio tu hambre oculta por inocencia; la edad nos separa porque un vientre te cobijó 15 años después del mío. No soy André cuando entre tus piernas nuestra música es la cama. Estás loco, te viniste rico, te extrañaba amor, son tus palabras mientras en nosotros la muerte vive, pequeña e indolente, abrazando la perdición. Siendo sombra imagen si de tus labios escucho: ¡esto fue un error!

Y antes de cada viaje verte se hizo costumbre, en medio de tanto sol invertido que visita mi casa. Porque tu oscuridad es la voz que aliena todo cejo de ternura y en tu mirada extraviarse es dilucidar la existencia, viajar sin tránsito por tus fronteras al recordar la música que en cama hicimos nuestra.

¡Mírame, si mírame!

Semilla de culpa es la despedida, aquí tú no sabes quién eres; donde la renuncia enquista el rostro. Y con mi lengua dentro, los gemidos acallaron el nombre, al apretar tus senos bajo la circularidad de mis manos, no hay voz si las caderas son partitura del instinto. Entré y acariciamos al infiel mientras tus muslos crecen como raíces sobre mi torso cuando la patria es del cuerpo al desplegar el continuo mecer de dos siendo uno.

Y no hay vacío, sí los minutos recorren la mudez porque tu boca muerde la sábana y la piel es humedecida por hielo en mano y tras contacto frío espalda te despiertas. No dices pero actúas, un hecho que desolló la tarde y el pastizal que alguna vez caminamos, una ventana a los cientos de palabras y murmuraciones que cargamos en el cuello, hombros, caderas, sexos, rodeados por las calles y bloques que conforman el hogar uterino, carne viva del cemento humano.

Y Bajo tu concierto no soy André al aférrame a tus piernas abiertas y fundir los bordes para encarnar la llama y el dolor. Un ramo de entrañas y espinas para aliviar el anhelo que restregando mis labios secos une la nostalgia a tu puerta.

Eres piedra contra la que despeño mi ternura.

Y antes de tu nombre el cuerpo fue puente, pero el ardiente veneno pubescente es lápida que arrastro por tu desnudez; ligado a ti tras endosar en mi piel el flujo de tus olas. Tus labios un conjunto de matices y sangre concadenada, revela bajo su ángulo la fuente del cuello y tras la hondura de las clavículas aparece la trémula carne que agitas cuando montas tu gemir.

(Y con mi sueño desmantelado atravesé la puerta para ser uno más de estos hombres de cemento y dijiste: —no es como estar solo. Acerqué mi mano al rostro, acaricié el espejo y ni él supo de ojos tan arraigados a las calles, a lo irrevocable que resulta vivir con un pie en el recuerdo y el otro sin rumbo.)

Y me pierdo en los rincones, instaurado en la sombría mirada de un niño que no deja crecer al adulto, evaporándome tras el grito del agua hervida, en la humedad de la sábana empañando espejos, perdido en la lectura de mis manos y en cartas que dicen de mí por carne del tiempo; esta no es mi carne, este no es mi tiempo, si las horas confabulan el brote y la voz se hunde en la niebla, fuera y dentro de las palabras en el aire que no respira al ser inhalado.

¿Qué nos vive si el frío crece en el esqueleto negro del árbol? y los frutos se caen como segundos cuando la piel duele de tan sobada, magulladuras lamidas por la temporada de rocas, cristales expandidos por la crecida del agua. Mis ojos entienden enseguida; se nos muele la entrepierna cuando la pregunta acaba en la raíz del tronco quemado. Y el trino; edén en la boca, irrumpe como un puño al nacer del contacto con la sangre. Todo es pérdida. Toda voz es un naufragio, toda imagen se oxida mientras lees y la inmensa curva asciende hasta cerrar los ojos.

...

Por los días quemados de sábanas sin nombre
de pieles tendidas que no callan
de sábanas adulteradas por el humo
cigarros consumidos, tras el sopor del contacto.
Sábanas sobre la historia.
Sábanas mordidas por el roce.
Sábanas preñadas por el sudor
que claman por vida bajo el abandono del sueño.
Sábanas inundadas de culpa.
Sábanas impregnadas por frote.
Sábanas que violan mi silencio.
Sábanas roídas por el cuerpo de la memoria.
Sábanas invitando al desgaste en la comisura.
Sábana tras sábana como metáfora de mis días
                          / sin noche.

Cuando la tierra es un *cerraje* seco, la noche esconde su boca y el día se abre insumiso con la fuerza del signo, capricornio me amanece y sin sombra me recuerda la piel latina de su fogata que es ceniza en mi cama y tras rebasar la frontera por arritmia de capricho me deja en esta habitación sobre la carne de la memoria, bajo los puntos suspensivos y el paréntesis.

Y fueron las voces esculpidas por indiferencia las que tacharon tus ojos y dieron media vida a esta lengua negra que amanece en el espejo.

Regocijo del vientre y la mentira. El cuerpo evidencia la desdicha de nuestra virtud; unir la carne cada vez que el origen fuera dueño del deseo, falo rosa en la humedad que exhibes arqueando las caderas al morder y embestir bocas que anochecen por reflejo.

1

Aunque la madrugada se viste de ti, nunca compartimos una noche sólo el día conoció la piel que ame fuera de ley al hacer de nuestra cama el único territorio que vivo como nación.

2

Suavidad callada tu incendio rememora un cántico que intento llevarme a la boca y tras imagen correr por la casa es volver a escucharte. Y me nace tu cuerpo bajo la regadera con el fulgor de las tardes ardidas por nuestra voz.

3

Niña de espalda reciente, tu vientre sabe más que tu cabeza, tu piel, carne de tronco quemado, febril me crepita bajo el signo de tus muslos al morder tu nombre sobre el camino que aúlla la noche.

4

Viví las cosas de viejo como el cigarro que arde en la lengua y sólo una vez hundí la violencia en el cuerpo de otro, pero esa cicatriz la llevo en mi boca para desfigurar el nombre de quien convertí en mujer.

5

El dorso del agua te oculta cuando la palabra afeita la lengua y sin la fuente del ojo el vacío sobrevive. En mí su rostro es corona que anuda la garganta mientras el sol tatúa la sombra.

6

Húmeda siempre húmeda por virtud, penetro la dicha de tu abismo en el féretro de esta muerte sin merecer entierro. Mi voz es tu huella infectada restregándose en mi garganta. Rezo de palmas sangrantes para el sepelio de todo lo vivido.

...

Perseguiré el rostro de las mujeres
que han dormido junto a mí, en pliegues roces, frotes
destinados por carne a satisfacer al animal
inscrito en la hondura del fuego primigenio.
Piel desollada por el recuerdo de noches
y bocas sin cara, techumbres arropadas
por la desnudez del aliento
cielorrasos preñados de gemidos, tatuajes besados
de pie al deseo cumbre y aún persigo el cuerpo
fugado de calma si el hambre crece
porque el deseo se cubre de presente y límite
donde el vacío alimenta a diario toda esperanza
que colme la excitación de vivir.

Santiago   al costado me oculto del silencio y de la luz reflejada en los parabrisas; desfile del sol hecho fotocopia que día a día reviste las grietas de mis ojos.

Entre copa y copa el desierto de neón, dibuja el horizonte mientras la sombra se esconde y la figura de la cordillera ve el nacimiento de una ciudad plagada por el fulgor del vacío.
En este punto, desaparece el reloj y el ruedo de la boca.

Me aparta percibir con tal agrura el paso de los minutos por la piel magullada ante lo que fue mío; cuerpo, sexo, gestos de una cara ajena que su mirada extravía entre la sombra del espejo y las salpicaduras del sol tatuado en mis ojos. Y me duelo en los falsos rudimentos del goce, en mi disfraz de adulto cierro los párpados y el cedro apresa la infancia. Mandíbula firme, cuello crispado, hombros dignos de hachazos, el niño descansa de las habitaciones cenizas.
Fulgor silente de la maquinaria, no hay calle bajo las rodillas.

Ascender tras la frontera de tu boca y el humo, cubrir la vida del aire con lenguaradas grises y succionar el crepitar del instante con la seguridad de una noche tiznada por el último fósforo. Y sí la forma de quemar tabaco es toda la belleza a la que puedo aspirar; cuando las horas te dejan en la fría ventana, envuelto por sábanas y hambriento de luz en la curva que antes de tu piel tráfico las caras de tantas por la ciudad no registrada entre la población y el mercado de sombras prostituidas, sol que da en la espalda cuando el párpado del espejo se cierra y cae sobre ti con la fuerza de un trozo de cielo.

—Sin luz para nosotros, no habrá mañana.

Mi amor   es   noche
Mi amor   es   DESEO
Mi amor   es   MUERTE

Mi amor es noche si el fuego traga el crujir de la cama, donde la nostalgia es voz y la palabra reducida al catre se contamina una y otra vez por el cuerpo; carne translucida que intermitente amenaza con fijar un rostro en la maquinaria del vértigo. Sin luz extirpo el gemido de mis ojos, el frote de mi colchón, la ira que manifiesta el espejo a mal traer de la mañana.

Y las frases se copulan cuando las desvencijadas piernas no abren el sentimiento.

¿Entonces qué guardo bajo mi cama? Si las heridas no sangran entre palabras mustias, fijaciones, recuerdos cuando el hedor de todas mis muertes subyace en zapatillas arrancadas por el camino. Paisajes fuera del cemento, bocas que viven por ahora sin nombre. Páginas que despertaron del sueño. Dolor mermado por el tiempo.

Mi amor es deseo, si ya no hierve el aire tras decir que no alcanzamos a ser uno en el susurro de este lugar común; donde la espalda es puente derruido por rutina y el roce de la madrugada no alcanza para ver el fecundo delirio del espasmo. No hay abandono si los pies enraizados se niegan a partir.

¿Entonces qué guardo bajo mi cama? Si he de extirparme la noche de los párpados para abrir la mañana y no sentir su vacío. Luz febril que inunda el espacio entre mi deseo y su muerte.

Y es ausencia la puerta del sentir.
Y es el ojo la llave del deseo.

Mi amor es muerte si la boca hundida por otro beso no duerme sobre mi calma, y horas minutos muerden ese paisaje encarnecido, drama de tatuajes e incendios, esa palidez que vislumbra el cansancio de troncos quemados.

Mi amor es vientre que aborta
el camastro más oscuro.

Fronteras, cuerpos, límites, trino secular que transfigura porque hablar del fuego es ser la ceniza, la cimiente deseo; cópula que muere por medio de su piel. Muerte ser intangible que vive entre cunetas, calles, adoquines. Todo es cuerpo cuando la palabra es un golpe; imagen tras imagen al vivir la mortecina luminaria en bocas tiznadas por su pasado. Temblando bajo el sudoroso cemento cubro mi voz con el desgarro de tu ausencia.

Y bajo mis ojos el nombre envuelto por pestañas dicta la voz sangrada de vidrios sin cielo. Mi ruego te alcanza por medio de las *animitas* al destinar la sangre para fluir junto a la cuna. El clima de ventanas que dilucidamos en veredas opuestas nos muerde la comisura al terminar tragando saliva si me desgajas la cara con un grito de boca inocente. Y te siento con mis diez dedos junto al hambre y la ausencia; he tragado una navaja en la hora que revive tu sudor contra mi lengua.

Arde el frío de tus ojos. Descuartizada la memoria es presencia a traducir en velas y cigarrillos. La negritud de la madrugada me arrastra contra el borde. Rota la garganta y sin piel dibujas la partitura.

He vivido la escritura como ejercicio distante.

La temporada de melancolía fue acotada porque sin medir consecuencias estuve dentro de tu cuerpo.

El día es un reloj que no muere.

No hay miedo sólo presente y en esta dinámica las imágenes son acalladas por mi silencio.

Es simple mi cama se ha vuelto un poema.

Y se vienen años de hierro
tras el catre hundido por remembranza.

Bocabajo

Y oculté el rostro para no ser arrastrado por el sonido de las olas, porque amanecer de pie al grito oceánico es perder el barro que nos redime a la ciudad. Y decidí encontrar una cama y recorrer las casonas que entre óxido y tablas perforadas por humedad tatúan las calles que duermen en boca de lo desconocido.

Y me hallé en la ceniza, en el humo que huye, en cada comisura serpenteada por lenguaje mientras la carretera trafica la crueldad que nos camina cuando se vive por la herida. Y cómo todo nacimiento es un capitulo en la muerte, abrí los párpados mientras los ceniceros tiemblan al devorar la música de mis labios junto al pulso de la calle.

Y curvé la rectitud del océano, con resacas trances de una vida curtida por el suelo sin madre y fue inevitable fustigar la espalda y verse en la medida de las horas, donde vibras por el golpe bordado en tu boca sin más compañía que las hojas violadas por el fuego.

Supongo que ambos somos huérfanos y en medio de la luz nuestra sombra dijo más de nosotros que el rostro, humanos bajo la coraza pero regidos por los ritos del abandono. Dueños del frío alojado en la negritud revestida por calle y hambre al sentir nuevamente la mañana en un palpitar que crece sólo al mirar dentro, tras saber que nos amamos como si fuéramos a morir el mismo día.

André Meyer

Comisura

Es mejor quemarse que apagarse lentamente

Kurt Cobain

André Meyer

LUZ

29

Lanzadas las cartas los procesos se develan. Tormentoso el signo que nos acedia. Escapar a su influencia es camino; uno huye de sentir, el otro huye de sí mismo y frente a nuestra música elevamos su volumen sin poder escuchar nuestras voces; *Disarm* / *Smashing punpking* se escucha mientras el *colectivo* hunde su cara en el viaje, si el silencio naufraga por la lluvia. Y contra los vidrios las miradas se pierden en el vacío de la ciudad y el suelo me duerme, me arrastra seis pies bajo tierra cuando tus palabras son: —no quiero seguir.

Arráncame la lluvia de los párpados. Sostengo mi cara bajo el óxido techado y ante cualquier susurro digo: —no te dejaré sola. Y de pie abrazo el cuerpo que profiere mis heridas azuzando la ternura que habita entre sus paredes, la habitación descongelada toma el calor que albergo y por beso triza el hielo de su rostro prefigurando el canto de nuestro día.

Escribir en la alborada, situar los ojos en mi ventana hasta recorrer las líneas de la caída húmeda por ese vidrio que refleja tu ausencia; una semana fuera de nuestras fronteras y ya las noches muerden. Y saber que me despiertas con algún mensaje, me deja en la espera de tu voz tipográfica, advertencia que pone mis cifras de vida en el cadalso si las maderas no dejan de crepitar cuando no estás y la cruda pieza me envuelve entre sus cuatro brazos.

Llueve y la cordillera se levanta mineral e infranqueable tras alejar tu respiración y sacudir los cristales donde te guardo al vagar por la memoria si desnudo contemplo el flagelo de tocar tus caderas sin las manos.

¿Con qué derecho se hiere la piel? Amada costra la sangre y la noche se cubre de oscuros pasajeros, terminales desde la inmundicia llagada. Nos recorre, nos cruza la incertidumbre de vencer la tentativa y marcarnos por dientes y rasguños al desesperar el pulso de la ausencia. Acribillarnos por los hechos. Sangrar. *La sílaba sabe más que la música.* Abandono e irrupción. Emerge la sombría voz. Y huir es desollar al otro, desertar sin mirar atrás.

La boca es dueña del alquitrán que prendo una y otra vez para extraer del humo una caricia.

Semillas amargas de minutos y páginas, me duermo húmeda si la mañana es un candado que cierra la puerta y envuelta por tus ojos me obligo a decir; no es que te quiera echar pero ya no puedo atrasarme más.

Quemarse, por el portento de luna mujer y seguir en pie aunque el espejo rechace el rostro de la pérdida. Golpear con la voz y sentir quebrado el viento, ahogar la piel en el mar compartido y hundir pestañas y recuerdos en la ventana donde tu cuerpo mecido por roce llegó dos veces para después escuchar: —esa es mi posición favorita. Y verte *más solo que una lágrima en el párpado de un muerto* en la habitación rodeada de moscas al escuchar *The end / The Doors* es consumir la madera que te hizo hombre y resistir sin doblegar el hecho que cauteriza tu fe.

El silencio de las redes sociales se instaura como el segundo permanente, reloj y camino, ya no queda perdón ni buenas intenciones mientras los corredores dejan sin aire el espacio entre nosotros.

Y cuando me hablan, la sordidez te imagina riendo en el instante de plagar esta página, tras el vacío de tu voz, bajo la noche que me hace volver al vientre. Sabiendo que Adamo revistió tu infancia y que letras sin rencor son el signo de la madurez tan dichas y remarcadas por la boca retenida en la imagen, al decir:

—en mi profundidad no hay cabida para ti.

Comisura cicatriz, la frontera impuesta me escupe. Abrir el pecho en canal es un paraíso temible, si el otro desaparece en la curva de la vida, desollado por la prefiguración del juicio que entablaste en mi frente.

Correr y vivir el frío entre los edificios. Por debajo nuestrorieles resuenan y semáforos al rojo gritan, correr y sentir el duelo tras una imagen al hacer del amor una cama desvencijada, frotar la ausencia y verse en las vidrieras y escaparates de las avenidas, correrse, preso del recuerdo. Y untar la calle. Correr. Pelear. Amar si dos bocas por sus palabras se despiden sin decir: —¿cuánto se oculta en la cara? En el flagelo, al masticar ojos y noches. Y dices: —duerme. Mañana hablamos, al tragarme la esperanza de amanecernos lamidos; acabo escuchando las voces succionadas por la transpiración del cemento.

Sin promesas nuestra cama sigue hecha.

Y recostada mientras tu ropa interior sobajea la piel que mordí por deseo a veces por temor, verme dentro es agitar la lengua en medio de ti ante la humedad que hace hervir epifanías en mi boca dislocada. Me preguntan sí amé la carne sin nombre. Hendidura paraíso del ojo que nace en la comprensión de nuestra diferencia; tú no amas, sólo revelaste el catre al preñar tu pequeña muerte con mi vida. Y las páginas se acumulan al intentar hacer de esto un *collage* donde la memoria termina en ceniceros y bares, porque hablaré de la escritura hambrienta, luz que atravesó la calle fornicada por imagen y ritmo. Del hambre es la palabra al pensar en ti y hacer del sujeto deseo una boca alimentada por el roce de las esquinas al cruzar el albor de una ciudad que no sabe de nosotros, por secreto o desidia y, ver es provocar, azuzar la ceniza del pálido reflejo nuestro, cuando el túnel es un abismo sí morir una y otra vez en esa carita es despertar. Consumidos por la fiebre dos cuerpos son ausencia, ausencia que dentellea la carne por vértebras y costillas. Cama, cama, cama, mantra del ojo y la arritmia, pulso del frote que habla del paisaje si nos tocamos juntos apartando el contacto hasta que la humedad nos pide con crudeza acercarnos al borde y caer en otro.

Crezco al saberme unido por carne a cada instante que
reverbera el significado y da rostro a las noches que tú
y yo fabricamos como un enjambre de sueños.

Manos enhebradas en la oscuridad, las fauces de concreto nos vigilan al caminar entre un punto y la dilatación porque morder el catre es paralizar el peso de la vida tras prohibirnos perder tiempo. Y sin sombra nos adentramos en el túnel de Sábato con la única premisa de tolerar la sin razón de caminar en medio de tanta hostilidad. Niebla en los ojos, la ceguera es escondernos, es simular la máscara, transeúntes en el oficio de enmudecer el aire respirado si la única forma de disolver el cemento es agitar la carne rompiendo las olas. Y no me ves, si la sombra ha desaparecido junto a párpados erosionados por la ciudad del fornicio, vejando diariamente dos bocas que sangran.

Espejos nublados la madera nos fija el límite. Y pies por delante el cielo acuoso digital encara la caída del asfalto mientras luces vibran ante el fulgor alcanzado sí la tarde encuentra dos sombras muriendo, dos frentes sin sol en sus ojos, dos manos enhebradas bajo el calor del gemido.

Cerremos antes de que sea tarde y las líneas en nuestras manos se confundan con las carreteras que cruzamos, una llamada basta para quitar de nuestros ojos la lluvia y cercenar los colgajos del tiempo.

Cerremos las piernas sin levitar, caer, anochecer juntos y venirnos hasta secar nuestra garganta con el frío de los saciados.

Cierra que yo no puedo abrir otra vena para sangrarte y *colillar* el camino después de todos los trances, gritos, sexos.

Intoxicado por la ira que plaga el velo de tu paladar, trafica mi cara, quemando mis manos siendo sombra impugnada por el frote, deseo.   Quiebre solar. Romperse el cuello es revivir la marejada de sus miedos, mirar sin apartar el flujo de sus olas, romper el aire, hundirme en el agua de tus ojos, sin jadear ni respirar más que tu ira.

Antros y calles guardan nuestros nombres
mientras la cordillera soporta el peso
y la estridencia del cielo cicatriz

Y ni por ruego el placer de sentirnos al musitar amor entre piernas jadeantes y mordidas es presente. Contaminado cielo el barro bajo los pies es la única textura digna en el desencuentro. Uno en la noche que babea. Al celebrar la ronda de voces sin dormir. Acalladas por el tiempo de contacto vuelven en coro desafiante y duro. Y resignifican tus heridas, tus brazos besados por navajas, si fue con tu misma lengua que laceras en el borde de mis ojos el delirio. Y te escucho —¿cuándo me harás el amor? Mediodía donde tejer besos nos encontró sumidos en el sillón al desvestir hombros y cintura para ver como terminabas en la dulzura de mi cima sin más saliva que morder.

El parte meteorológico de hoy anuncia furia parcial con
arranques ocasionales de rabia
Chuck Palahniuk

El clima nos promete angustia tras abandonar la
esperanza mientras cae el sol y su insidia nos prima la
vena arraigada en la erección que por bandera embiste
sombra y sudor cuando dos cuerpos se unen al
cemento que dentellea el fulgor del vacío, en las
avenidas donde el nombre desaparece y el rostro se
vende junto a los catres de hierro. El clima nos
promete arrebatos de ira secundado por tristeza y
golpes en la muralla si respirar unidos por sangre y
casta al ojo de un gorrión plaga sus alas, porque el
vuelo se precipita al romper tu canto tras la quema de
mil caras extirpadas por el peso de la vida. Y despertar
para hacer del paraíso un rincón en la tierra es terrible.
No todo es música si la imagen es un epitafio y dos
cuerpos enlazados son el signo en las entrañas de la
piedra. Luz que apuñala, desgarra, ceja el velo del
paladar, al traficarme por calles y minutos para caer
bajo el sol de tu frente.

El clima nos promete dolor si vivimos hasta vomitar la mañana al drenar inteligencia y entregar el cuerpo desmayado a la cama por el oficio que nos restriega contra muros y paredes de una ciudad quebrada por la perfección sin fe; en honor de las esquinas y casitas pareadas que sangran cuando las calles llenas de *animitas* son tierra bordada por luces ciegas y vacuas; tierra de fracturas expuestas en medio de alaridos e incendios, tierra infrahumana para quien canta sobre vidrios desperdigados y cuellos rotos al desangrar la cuneta de mis venas, si ennegrecer los ojos para sacudirla invade el cuerpo resucitado del país que en cien años no tendrá himno para la voz en guerra. No todo es música si el clima invierte la promesa y tu sombra quiebra luces crispando la columna a cielo contraído por la extenuante mudez de tu comisura, cuando escuchar a los fieles madrugadores es el *soundtrack* que reviste la noche, al trinar cada mordida acinturada si duermes sobre la cima erecta hasta despertar el músculo y mi osadía. El clima es promesa que abre puertas en nosotros dando espalda a la única luz que podremos concebir, si la ciudad termina en nuestra cama.

Bajo el torrente de mis venas despierta el símbolo y la presencia arraigada que vive en tu boca al morder mi cuello y dar vida al cadáver que antes de ti caminaba sin sentir. Porque tú creces en mí sobre el latido de nuestros cuerpos y tentar la puerta de tu verdad es desnudar mi torso y el mar; cuna de toda palabra y murmullo amparado por el recuerdo de vestirnos para terminar en sábanas de sol tras la mañana que convertimos en noche.

Un día sentado en el útero, cegado por la férrea luz que carcome mi noche, tiznado por el fuego; amparado por la boca del tiempo.

Un día cegado tras el umbilical vacío en el horizonte de todas mis piezas. Canto y agito las aguas.

Un día arrasado es símbolo de marea, símbolo que el Pacífico tatuó en tus ojos y cuello tras abandonar la cordura y vivir el ardor.

Feliz de ella que estaba dentro de su pieza que tenía derecho de ciudad en todo lo que tocaba y convivía.
Al pasarle los ojos por la piel; lenta caricia desdobla mi deseo y predispone mi conducta bajo un acto que sin entrar deslumbra; desapego ante el frío de mis pupilas, difuminando sombras en el espejo sucio hasta morder sus labios, la textura del humedal.

Feliz de ella que podía creer sin ver, que formaba cuerpo con la duración, el continuo de la vida.
Ceguera que ve por manos y piel mientras las formas avanzan en el aire delimitando contornos por curvar nuestra luz; testigo del hambre, sombra con herencia, la sangre no prohíbe buscar tus senos bajo la sábana tras la perfecta circularidad, violando la continuidad del sueño, aspirando pequeños gemidos si la punta endurece y la mía gotea el flujo de la embestida cuando la madrugada es mi hora más profunda.

Feliz de ella.
Al transitar desnuda por la sombra que traga el cuarto e iluminar las heridas con el fulgor de sus besos si el rastro a seguir es saliva de cemento al centellear párpados y ciudad por mis calles.

Sin idioma toda ciudad vuelve a nosotros tragando las luces que derriban el sol, horas avivando la crecida nocturna predispuesta al encuentro por rieles y estaciones. Te siento en soledad mitificando el beso del paradero, ese que demoró la enormidad de sabernos compañeros en medio del frío, cuando ciega de luz la ciudad nos puso de frente y las bocas irrumpieron en mordidas; te siento aunque las gélidas ventiscas me arranquen del cuerpo tu calor y la habitación de nuestra caricia manoseé la memoria; mañana previa a uno más de tus años, porque ver una película con tintes existenciales fue dormir juntos y terminó en masajes y ternuras elevadas por el suave contacto de tu espalda y piernas contra mí. Hojas secas en las grandes terrazas del tiempo; te espero porque en ti los sentidos atraviesan la distancia. Y sobre tu cuerpo recaer es adicción de la que no espero rehabilitarme.

Fiebre de labios partidos todos se dan entre condones y moteles, calle hedionda... plazas tragan voces humanas si el techo sube hasta volverse inabarcable. Y cruje amor la delgada cama de hierro, fría con nosotros dentro, su rabia es nuestra, su ira es nuestra cuando la madre Chile es un colchón de parásitos y larvas. Infumable es la noche de semáforos en rojo, nos da su marca que arrastramos al ir del centro a la periferia. Enumera las balas y los pasajes con nombres ilustres, enumera la cantidad de negocios en las esquinas, atendidos por jubilados, mira las niñas preñadas, del liceo a la sala de parto. Y dime si el atardecer es distinto en Vitacura.

Arreciando mi lengua, escupes la cadera que quiebras bajo ondulación del tiempo, piel y saliva previa, la horma me calza hombre y reniego el decoro de tu paladar si me dices: —si fueras hombre no estaría aquí. Le rezo a quien bajo los minutos es un canto digno de silencio, al rozar sus piernas y tejer la urdimbre en la tibieza que conmina agitar sus carnes, hasta adentrarme en su calor vertical y hundir mis dedos en la voz vedada por la aurora.

Tiempo, cruz que colma la noche llevada por años dentro, sin cierre la unicidad me ha dejado solo, vertiendo ojos y sentidos complacientes por las calles, contando cada vagón que pasa, gemido metálico, hielo subiendo por la columna en dialogo sombrío de rostros en *off*. Y si creo verte, atento escucho el abrir de puertas mientras la estación se llena de soledad y apellidos, rutinas y ojos secos. Aurora las páginas violan mi silencio si el cuerpo es un túnel a la esperanza. Y todos flotan inmersos en sus aguas para arrastrarse hasta la orilla del abandono. Libres de este gran peso si los hombros se contraen y la boca crece en su abismo.

Eres presente, mi único presente me dices, mientras las horas se acumulan dentro bajo el sol de la costa, si el desayuno es hablar y las caricias son frases que desafían el tiempo. Junto al mar el canto de los pájaros es un jardín que abre nuestros ojos. Y tocarnos es nadar por las aguas de nuestro secreto. Despertar y hundir la piel gemido por dentelladas, ahondar por luces propias de la carne hasta encontrar la voz sin capricho, nublando la costa por el sopor de la boca. Voz pura nos lleva al fin si cada respiración es un corte.

El remanso de las aguas circulares piscis, la profundidad del mar levanta y por cada sonrisa me desnudas junto a los miedos y heridas que pactan acuerdo y silencio tras la única llaga que perdura en mi pecho. Géminis, dos caras abandonan la oscura señal de mi frente; si ahondar la respiración es merecer tu atrevimiento; en medio de ti jadeando entre tus piernas, para besar tus dedos y acercarme duro contra la fuente que entregas espalda a mí. Silencio, arma, secreto. Entro para verme inundado, mordida en el mentón, nuestra bruma empaña los ventanales. Y en tus ardores nos vinculamos al susurrar, chupar, morder el nombre del bautismo en la carne.

Cordillera de agua sobrecoges por tu inmensidad, me uno al resoplido de tu voz sin rostro cuando vibra penetrada la sombra esculpida en la muralla —sombra sacudida por luces Aurora. Y es aquí que la carne contra mis rocas azota la orilla para dibujar mareas en la piel.

Mar de campanas y deseo, enredados sucumbimos por luna y marea. La habitación pernoctada de cuerpo transpira la muralla al enfrentar el océano, con la voz de aquellas velas que encendidas son ofrenda en la calle de los suspiros. Duermo sobre ti y bajo tu voz, estremecido apenas mordiendo el aire si aclama el estallido que azota la costa.

Cuerpo, signo, noche, la bruma se levanta entre dos al frotarse en busca de un comienzo que nos lleve más allá del borde. Desterremos la tristeza de nuestros sueños al abrir la mañana con los ojos cerrados.

Nadar por tu cordillera sin hundir el aire ni contenerlo.

Nadar y sentir húmeda la frente si en ella incrustas el abismo de nuestra habitación.

Nadar sin remordimientos por las cuatro esquinas hasta volver a ti y perderme al acabar dentro.

Nadar por las personas y lugares que implantaron sus palabras en la boca que abierta es un árbol sin raíz.

Beber del jardín y nadar entre manos, piernas al tatuarnos la frontera como una ilusión del lenguaje.

Besada por la noche y los sueños, vestida por sombras y llagas me di contra la piedra del signo que vierte por día la boca en ríos de carne. Y descansar es barrer con los muros, abrir las piernas y entrar por luz vida a las terrazas que clausuradas escriben sobre el aullido de las bestias, pobladoras del instinto. Duramente el pulso levanta su horario carnicero en medio de las ciudades, nombres y sabores si la sangre camina lenta por los pasillos de tu ausencia mi géminis, mi rostro de mentón y cuello mordido. Ciega de tu mano persigo sombras al cavar heridas tras sucumbir al cielo de nuestra cama. Y despertar sin verte, sin compartir el mar de sábanas, sin nadar por gemidos al cerrar las piernas y transcribir el grito de la marea en habitaciones blancas que huyen; es revivir la impiedad, flagelando dos cuerpos si el cristal se rompe y la noche arde sobre la piel. Muérdeme ahí en el pliegue que desviste mi voz cercada por alambres arrastrados de pasado y amor. Muérdame y ría para abandonar razones y concentrar el hecho de extrañar su boca llena de noches y rutas, saturadas de ojos pardos, cordilleras negras, fruta inmadura y soles sin fuego. Muérdame y sienta las horas de palabras y jardines que escapan a nuestro encuentro. —¿Me siente? Húmeda por sus dedos y extenuada por el silencio, sacudida vértebra a vértebra sin quietud, colmada por secretos. Inundada de placer cuando el día es preso del vértigo al inscribir espalda, piernas y sueños en la pared viril deseo. Revistiendo mi ojo vientre; acabaremos por abrir la puerta y vivir sin ventanas.

Y cardíaco el ritmo sobre mi paladar, remece ímpetu y carne si tus palabras emanan por la comisura amada mientras rueda el grito oceánico por nuestra cama, convirtiendo en peces las manos al deslizar por cintura, cuello, la mordida del mar contra las rocas.

André Meyer

Boca a boca

El que cae desde una dicha bien cumplida
poco le importa cuán hondo sea el abismo.
Lord Byron

André Meyer

OTROS POEMAS

Saqué mis ojos de los bolsillos y vi como todo lo que nos rodea es movimiento, en mi persistencia sacudí el borde para unirme al suelo y caer por el mero gusto. Sin dormir ladré por calles y luces junto a los parias de mi jauría. Arde la ciudad que amarra raíces al cemento en la fisura entre esta y mi otra vida... _Dios me libre, le escuché a mi madre cuando de un portazo entró a la pieza tras hundir mi garganta y dormir en la fiebre: _Abre tus puertas le escuché a mi padre, - No mueras en los ojos de quien no ve - Ladra, ladra hijo! por cada rumor incrustado en la pared de tu horizonte. Sin espejos olvidé mi cara y dejé el pasado donde comienza el día en la sombra del signo que se adjudico mi nombre, noche, André.

Territorio mío, vendí la boca
y fui el cadáver acechado por su sombra, pálido por mi
mano y los días fabricados sobre el papel.
Huyendo del canto de los pájaros y su mirada tatué mi
cara para no olvidar los rieles del tiempo
y vertí mi sangre en la boca de la noche, que preñada
se yergue ante mis ojos.

Pavana y medianoche.

Preso de mí como gota reclinada en el umbral, a punto de caer bajo el sonido de una bala obligado a pasar frío por levantarme para anotar alguna cosa interior que hiela la sábana y refriega los párpados evitando el cierre; la clausura del vitral. —¿Cuánta vida se necesita para describir esta noche preñada de imágenes/susurros? Colmados por esa voz en fuga que hizo de mis murallas una página de respiros y silencios. Si tan sólo el amanecer diera por sentada la belleza que vivo entre mis recuerdos, por cada cuerpo extendido de piernas abiertas en la quimérica aceptación al beber la saliva de la comisura bordada por el deseo/desnudo entre todos los papeles que rodean el pulso de mi habitación. A tres palabras de dormir antes de prestar atención al ladrido de un animal imaginario; que bajo el cielo descansa sin más luz que esos cadáveres hilvanados a nosotros por siglos de atraso y yo hundiendo mis dedos en un teclado para verter esa ola que se rompe contra mis bordes cuerpo/catre, al compenetrar al insomne pasajero que muerde mi almohada y dice sin decir.

Por los días quemados de sábanas sin nombre.

Que descansas en el cementerio del puerto, llorado por
un hombre que fue cinco años infiel a su instinto y
abrazó y quiso cada palabra arrastrada por el balbuceo
de tus pasos. Por esa bala que arrebató jugando tantas
ilusiones de mirarte hombre y orgulloso del padre, que
pagaría tus estudios con un taconeo revestido de calles,
plazas y escaleras porteñas, ahí donde las monedas
apagaron la curiosidad de tanto adolescente sumido en
el vértigo definitorio entre bocas ardidas, pero nadie
vio, al hombre mujer o al niño hombre; acurrucados
ambos en una despedida que partió al encontrar un
revólver; bajo los remolinos y coronas que decoran la
cama.

Por los días quemados de sábanas sin nombre.

Y de una patada alejaste a la hermana que cuando niño
te cocinó engaños de harina y fuego para saltar las
horas de hambre masticando dignidad y pan. —Elige
mamá: Ella o yo, y pusiste a rememorar a la mujer que
te parió el rostro, entre piernas abarrotadas de fluidos y
desprendimientos a la fuerza. Entonces con una libreta
llena de garabatos e ideas te despiertas en medio de la
noche y ves a ese joven que hurgó en sí mismo y eligió
un camino plagado de orgullo, túnel que desmembró la
cordura y arropó de calle todo.

Por los días quemados de sábanas sin nombre.

Cuando dijiste: —Me gusta de ti lo que me molesta; y el reloj dejó de contar pieles tendidas *entre el murmullo de las ruedas y el arrastre de mis pasos,* revoltijos de la vida devorada por los labios junto al maquillaje de tanto espejo encostrado por mi rostro al ocupar la ceniza como delineador y dormir/sobajear el delirio antes de nacer, punzando a pie el vientre boca de lobo, danzando por los suelos invisibles al triturar la música de cañerías amatorias. Rito y pavana que colma gota a gota el oído nocturno bajo la ceniza/lenguaje; cicatriz perlada por hojas prostituidas de ojo a ojo. Boca de harapos, cloaca febril, voces/gritos que brotan a medianoche y sobreviven el día tras la cortina de mi lengua.

El día se apaga y los ojos se abren cuando vuelve la ceguera

Una puerta cerró bruscamente

La pared cayó sobre mi mejilla

Divago en medio de una soledad

llena de hombres

incendio que habitó lo perpetuo

plenitud de ojos cerrados y sonrisas de muerto

Los frutos prohibidos crecen

sobre los jardines marchitos

Si existe reencarnación

seré en próxima vida

ceniza en pipa de *crack*

UNA LUZ EN EL SUEÑO

UN SUSPIRO EXTENUADO

UNA MANCHA EN LA CAMISA

Transgredir es fuente de lo bello

vivo agitando las aguas;

soy un malabarista que juega

con la amistad del fuego

EL CUERPO ESTIRADO

SOBRE LA FRÍA CAMA FORENSE

HE DADO GRAN PARTE DE MI VIDA

A HUIR DE ALGO

-VACÍO COMO MI SOMBRA-

LA ETERNIDAD ES LA ARENA

QUE BEBE DEL MAR SIN SACIARSE

```
Lengua de viento
Corroes lo que guarda
La finitud de una certeza
```

Obra representada

en el teatro del espejo

Se víctima

del silencio que miras

y no te pongas

la piel de mis serpientes

Bajo las grietas del cielo

la sombra da en el camino sueños a la luz

Escritas en la piel las campanadas.

```
El viento nos pasa su lengua y nos talla
la sin memoria de la vida, el fuego.
```

Hebras de la mirada

Vértigo de las letras

Tejido de las voces

Lo mío es:

Sentencia y epitafio

Albor de los insomnes; somos luces desmanteladas.

André Meyer

...

Deambular y hacer de tus pasos el ritmo que susurra la noche por el cruce de rieles oxidados y pastizales resecos. Aquí *animitas* arden si dan protección a nombres olvidados en la medianía; existencia arrancada de raíz por el tren, cadalso del raciocinio al guiar tu imagen en la sombra que por siempre será consecuencia de luz, despellejar experiencia y dar cuenta de tu voz al incinerar cada soga, patíbulo, muerte, que sólo significa recogimiento, parálisis vegetativa del hambre; hambre como una puerta que atravesamos cuando el ojo se abre fuera del sueño. Y simplemente vagar por la madre y su vientre cuando el vacío posee el fuego alojado en los ojos al descansar por las grutas quebradas que acompañan los rieles; ángeles disecados por el concreto, espíritus del griterío entre luciérnagas y zumbidos infrahumanos, porque toda voz es un eco nauseabundo en el torrente de la vida. Rompiendo el nocturno ahogo tiemblo al saberme uno con el tiempo, en la fluctuación de caer con la lengua y ser fiel a la única efigie que me predetermina.

Madre aún sigo dentro de tu boca.

Desde la primera vez que fumé marihuana o supe que el sexo es lenguaje de la piel sobre la página, al refundir los minutos como tatuajes que tu fijaste en tus ojos para hacerlos míos. Incluso al sentir los gemidos de una mujer que nunca estuvo dentro, pero que batía sus piernas en mi contra con el propósito de hacerme suyo. Madre eres fruto del miedo. Y dando espalda al hachazo del reloj se corta el lazo umbilical por grutas y rieles donde te encuentro.

Madre: Bajo las líneas de mis manos reside la barricada y la historia.
Bajo mis pies sangran meses sombras de la cordillera náusea.
Bajo luces penitenciarias y techumbres sucias vi tus ojos rojos.

Caminé pero no tuve la fuerza para dejarme ir y corrompí el paso en la madrugada, al deambular bajo lamedura de perro y cuneta donde voces frotan espaldas sacras para hacer de una página monumento. Madre al parir el tiempo y mi boca, llamaradas y humo enzarzan tu nombre tras volver al vientre.

El origen del mundo
Courbet

Cruce interracial entre pliegues de abundancia.
Blanco y negro se pierde, se pierde la rectitud
horizontal en el cuerpo de la tentación; sujeta
en piel la llave del deseo, con sus telas erguidas
y apuntaladas bajo el compás de lo duro y blando
/ de quien da o recibe.
Sobre la panza   una niña   intenta volver
a lo desconocido, infante que devora
el interior con su mirada, aquí todo se pierde
y no hay respuesta ante lo replegado.
Sólo intentar ver sus ojos ausentes
es yacer en su boca y no verse las manos.
Es volcar el vientre
que engulle o vomita
engulle o vomita
a la cría sin útero ni deseo.

Bajo el yugo de las consonantes
sembré los sonidos de la palabra luz
y coseché las letras del fallecido.

Anudamos la luz a la locura
con la soga que anudo al condenado.

El luto es blanco me dijo:
_sí cierras tus ojos para siempre.

Luciérnagas estáticas visten la ciudad, parpadean bajo la vibración del agua, sacuden el dibujo con el peso de una piedra en posa estancada.   Baile nocturno presencia metálica, las calles son ríos de luz en la sombra dormida. Faro. Falo. Deseo implícito acunado por los símbolos de una noche insomne que sin girar descansa en la sábana oscura.

De luz poco se sabe cuándo las sombras atractivas al espejo, insertan el cuello hipodérmico en la vena y las estaciones subyugadas a segundos en el torrente de la vida residen bajo la noche de la infancia, porque de un paso al otro hay miles de lenguas intentando describir la cúspide rítmica del pie. Donde los pasillos del diálogo se abren ante el oído subterráneo que acuña el recipiente tras la careta de quien sonríe al llorar. Aquí donde toda imagen es una quimera, sí el sueño instaurase el responso de lobos en medio de la fantasía ovejuna, no quedaría más que seguir el ritmo de los rieles y adentrarse en la tierra de lágrimas.

Tiembla la luz cuando la fiebre es domada por los analgésicos y los días pesan como pared en la cara. Incertidumbre hay en la consecuencia de levantar la mirada para nuevamente caer enfermo, solo, masticado por la tarde y el canto de los pájaros.

Tiembla el cielo cuando el paraíso es una bandeja llena de fármacos y horarios. Y uno se pregunta por los cariños o rostros bajo la noche fecundada de luz.

Tiembla el cuello de esta avenida que aloja la lengua, seca y pesarosa por tanta piedra porque todos cargamos un abandono, traición o falso sol en nuestra frente.

Tiembla el reloj en la muralla y los pensamientos al frío que golpea la ventana, abriendo las piernas de la habitación.

Tiembla el sueño y la imposibilidad de volver a cerrar los ojos, para revivir deseos atrapados e inconscientes entre la muralla que separa al despierto y al que no sobrevive.

Tiembla el bardo y la carne entre las piernas, vorágine sin salida de estas cuatro paredes, cuatro esquinas, cuatro puntos cardinales del cuerpo afiebrado por la sombra en busca de quietud.

André Meyer

Y fui sujeto de mis piedras
entre matorrales y páginas
al apagar con fuego mi luz.
Y morder dientes, noches
al gritar el negro del día
y escribir tras quebrar
              tu silencio.

Boca

La boca es un parto.
Parto en la comisura
que arrastra el nombre
y reverbera por túneles de hambre.
Porque la noche y las horas
urden secretos en mi contra.
Y lo vivido con el flujo
de la sangre en preña aborta
un paladar tras los ojos
al empañar vidrios, catedrales
escalofríos junto al sudor del habla.

Si el grito más perdurable de la humanidad es:
¡vayamos de compras!
Hemos parido un abismo en medio de los ojos.

No he visto un poema incendiar el cielo con la voz de los desposeídos, ni con hambre de niños arropados entre cartones y diarios. No he visto brazos ni hombros cuando la palabra posee la cama y la experiencia. No he visto piernas abrirse al encuentro, ni falos erguidos bajo la sombra de una ciudad llamada rencor, egolatría, tristeza. No he visto los féretros ni lupanares donde la carne descansa de sí misma y la vida merece su juramento. No he visto crecer a mis hijos ni parir a mi mujer, antes de nacer y morir por una idea. No he visto tus labios estremecerse ante el fulgor del vacío ni atardeceres estreñidos por la negación de luz. No he visto la culminación del cuerpo tras arrasar con su propia identidad. No he visto un rostro que me pertenezca ni cuando el espejo asiente con sus ojos. No he visto mar que trague la sal ni boca sin respiro que conozca el secreto. No he visto sexo ni escritura que no se ame a sí misma. No he visto una hoja muerta que pase el invierno arrimada a su árbol. No he visto caderas mecerse por la fiebre de nuestra gracia ni perderse encadenada a la sílaba. No he visto un grito que despierte al origen y carcoma la noche hasta desollar el sol. No he visto con mis oídos silencio.

Tila

Orbe — esta mañana se realizarán diligencias en la cárcel de colina II con el objeto de aclarar el suicidio del denominado sicópata de la dehesa, la madrugada del sábado en su celda del módulo alfa del penal.

Resuenan las teclas de su máquina
como un epitafio
aquí donde cuelgan las horas
y la madrugada sublima
esa lengua rasgada
por gemidos callejeros
y goces robados.
Porque fuiste un poema
leído en silencio
canto recluido de esperma
quemadura en el rostro serial
estertor de la vida
hecha un túnel de miseria.
Letra por letra
seducido por tinta carnal
eres un espejo de fuga
que incrusta el sábado
inundado de voces/luces/sombras
al leer la biblia y recordar
a tu madre y tíos travestis
al ras de las horas quemadas
por el hambre del cuerpo.

Sin

Tu suelo será morada de las malas hierbas.
Mary Shelley

Sin carne para su boca, la risa es el concierto que perturbó el rostro mi niño, cerrando labios y dentando la palabra. Refugiándose en todas esas imágenes que vio sin contar. Cuánta pareja fue testigo de tú cara sin lenguaje; de la comisura borrada por el tajo afiebrado de tú historia, por infancia recluida de voz y cariño, al evadir su sombra y dar oídos a miles de amantes.
—No hay voz para ti mi niño dijo una gitana mientras su frente arrugada por acunar tanta sílaba se fruncía expresando el grito ya podrido en la garganta.
—Tú alimento será el fuego de las voces desasidas por otros, recogerás ruinas. Pero, cómo jugar sí una de tus cartas está marcada en la mano sin respuesta, porque al escuchar las campanadas esta vida tiene su cuerpo ya trazado y en tus ojos tatuados mi niño, verás siempre la noche del mundo.

Soy sombra si mi luz es rostro perdido, al escapar del aliento de bares y calles cuando las coronas reposan sobre la misma sien cordillera.

Soy noche al curvar a los reyes del *underground* criollo tras la vanidad del cosmos farandulero en el salar llamado Chile.

Soy parte de la fría región que agoniza en cada boca prostituida por esquinas al revivir mi nombre oculto para acabar dentro.

Soy canto quebrado contra la pared y duro sostengo tu cuerpo sin ganarme la vida al saber que por mi esperan hospitales y gritos.

A. M.

Nacido en 1983 y bautizado por incesto; escribe la primera sombra al ver sobre la cama piel y ojos de quien fuera su hermano desaparecido. Retrato a contraluz del nombre que sepultó en llanto la figura de madre y dio vocales/consonantes/gemidos al encontrarse sin espejo en la página.

Tras la noche sin día yace como tatuaje en sus párpados la fisura/delito, el sudor/herida que vivió por callejones/matorrales. Y por sábanas entendió que el camastro más oscuro es el vientre, que el hogar es del cuerpo para *hacer de su cadáver el último poema.*

Réquiem

La música empieza donde se acaba el lenguaje.
E.T.A. Hoffman

¿Y cómo la vibración llegó a nuestra casa?
Sí nunca sentimos el murmullo
ni la estática en el paréntesis del silencio.
¿Y cómo revestimos la herida capital?
Sí con tatuajes la sombra inflama la voz.

Acaso el conjunto de sucesos y la causalidad nos llevó
\ de la mano
hasta soltarnos entre las paredes de la ciudad y nos
\ vimos sometidos
ante el espejo del agua estancada, ante callejones
\ saciados de fuego
donde ceniza resuena al quemar la noche. Concierto
\ de población.
Registros, registros. Ritos que acompañan la danza
que impregna la pared del hambre en este cielo
agrietado por el canto.

Réquiem

Pregunté por el vientre encinta
por los gritos de la cárcel
por los latidos
y por las miles de sonrisas que guardamos
cuando el orgullo oprime la boca.
Acaso caí en el infierno musical

y la calle, por yerma que parezca
es una trampa.

Calle sembrada por velas y fierros
que golpean el paladar de la noche.

—Nada se acopla con nada aquí—

Y dice:

Déjame sobre las techumbres
Déjame en la geografía oscura
Déjame entre las sabanas tiznadas
Déjame en los basurales
Déjame sobre el riel arrasado por el óxido

                                        Réquiem

Del ojo y la ceniza
me habitas   dentro   fuera
del espejo.

—Un canto que atravieso como un túnel—

A una puerta de cerrar estas ventanas
por el ruedo de la maquinaria nocturna
en la plaga de luces / caretas / cadáveres
      /   /   /   / espacios vacantes
y emociones desolladas por la ruina.

            Porque dura es la señal en el hocico
cuando *La palabra es sonido esculpido* que desgarra
la lengua.

Y mientras las catedrales sudan
resuena la canción en la piedra de mí pecho
partitura sesgada en el desfiladero.
Gemidos, crispaduras, crepitares.
Cuchillos de sol y sombra en la cortina de metal.

mientras

Llora un niño tras la ventana
¡Mamá no tengo mamá! (me dice)
Y la noche de perros, mi cuerpo rompe.

mientras

El cenit de la estridencia reside
con la intimidad de una puñalada.

Réquiem

El cemento hiere mis oídos.
La razón se precita en retazos.
De la garganta brota la raíz del llanto.
El ojo diseca la imagen.

Y mi calle por yerma que parezca es el infierno.

Biografía del autor

André **Meyer** nació en 1983 / Santiago de Chile, estudió licenciatura en Bellas Artes en la Universidad Arcis. Ha participado en varias antologías *"Metalenguaje"* por editorial Ajiaco y Cinosargo, *"Masturbaciones"* por la Fonola Cartonera, *"Terrorismo doméstico"* por la editorial Moda y Pueblo y *"PlexoPerú: Poesía y Gráfica Perú-Chile"* del Grupo Casa Azul, Editorial Quimantú, además de participar en las

Revistas Botella del Náufrago, Río Negro y en La Otra Costilla. Adicto a los espejos, quema vida y noctámbulo, es vocalista en la banda N47UR4L y participó de la banda Waste Off Human. *"Bocabajo"* es su primer libro.

Tabla de materias

Colofón

Liber hic mechanice impressus, nescimus ubi vel quando, a robot *aliquo impresso postulato dicato. Unde impossibile est nobis significare quot codices moderni producti sint, vel quot in futuro producti sint. Speramus* Bond *album* 90 *chartam et operculum* cardboard *coloratum polylaminatum adhibitum esse, cum ligamine rustico per* hotmelt. *Saltem certi sumus* Book Antigua *typographic fontem usos esse, variis magnitudinibus et variantibus, pro plerisque interioribus eius. Paginae centum vinti unus et centum viginti duo in typographica inordinatione versantur.*

S

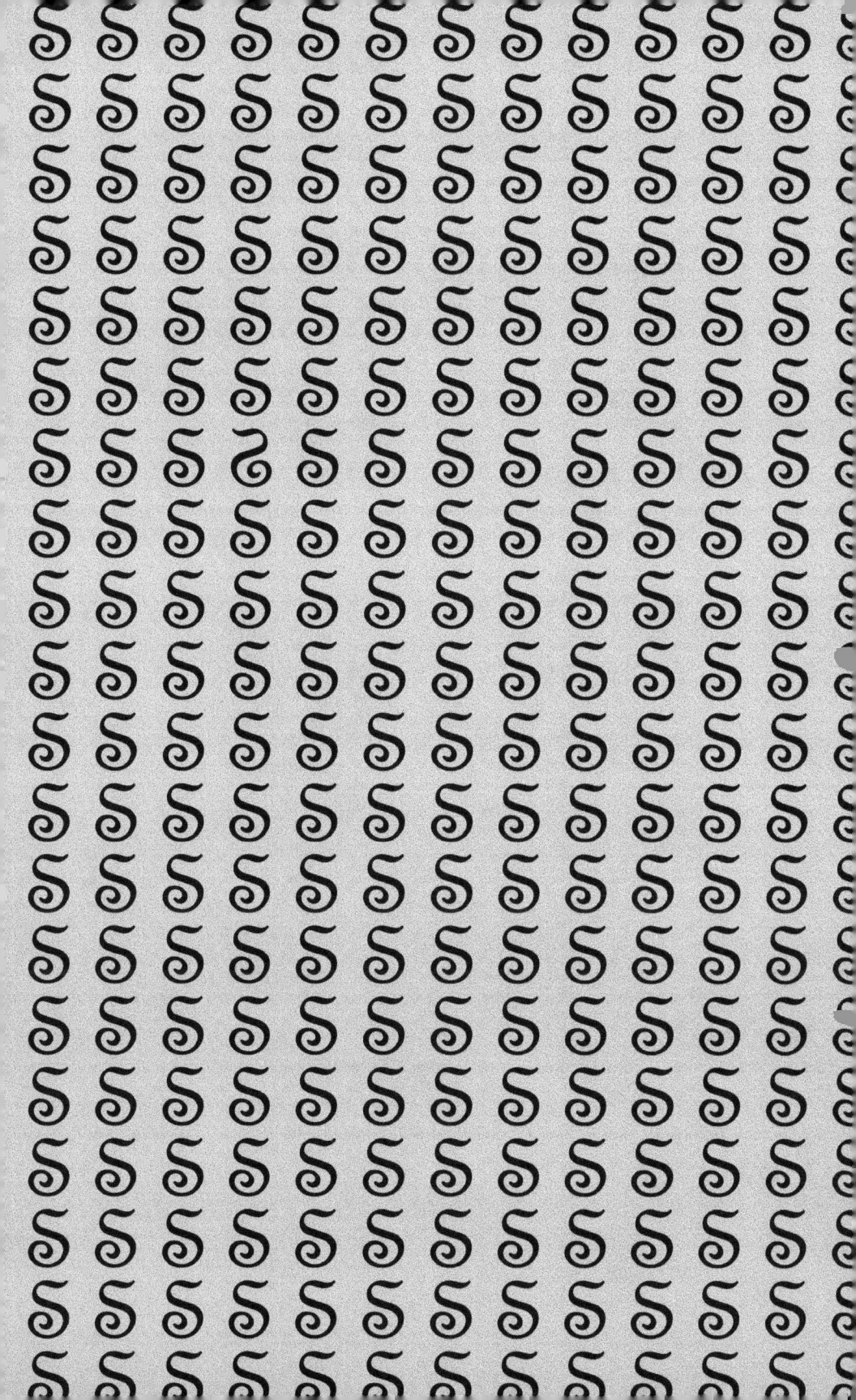

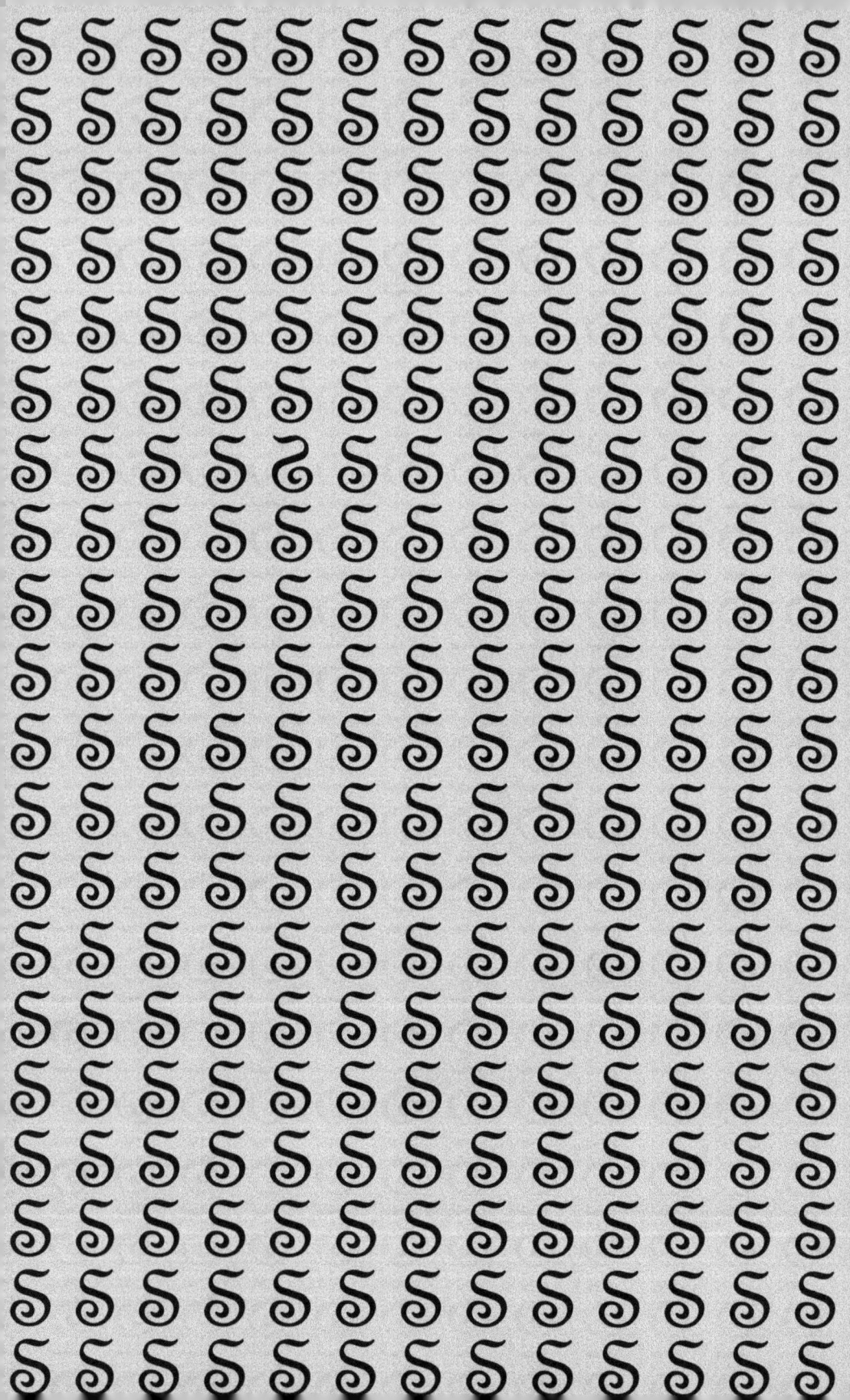

www.ingramcontent.com/pod-product-compliance
Lightning Source LLC
Chambersburg PA
CBHW052010090426
42741CB00008B/1626